Steuerrechtliche Einzelschriften.

Herausgegeben von

Dr. Alfred Friedmann, und Dr. Richard Wrzeszinski,
Rechtsanwalt am Kammergericht Rechtsanwalt und Notar
in Berlin.

Schrift 1

Die Auslandsdeutschen und das Reichsnotopfer.

Von

Dr. Richard Wrzeszinski,
Rechtsanwalt und Notar in Berlin.

Berlin und Leipzig 1920.
Vereinigung wissenschaftlicher Verleger
Walter de Gruyter & Co.
vormals G. J. Göschen'sche Verlagshandlung — J. Guttentag, Verlagsbuchhandlung —
Georg Reimer — Karl J. Trübner — Veit & Comp.

Inhalt.

I.

Einleitung.

Nach der Annahme des Gesetzes über das Reichsnotopfer hat vielfach, insbesondere in den Kreisen der Auslandsdeutschen, die Überzeugung Platz gegriffen, daß die Auslandsdeutschen zuguterletzt aus dem Notopfergesetze „herausgenommen" und von der Abgabepflicht schlechthin befreit worden seien. Diese Auffassung schießt über das Ziel hinaus. Freilich haben die Verhandlungen der Deutschen Nationalversammlung bei der zweiten Beratung des Gesetzentwurfs zu einer grundsätzlichen Anerkennung der Sonderstellung und zu einer weitgehenden steuerlichen Bevorzugung der Auslandsdeutschen geführt. *Eine völlige Abgabebefreiung ist den Auslandsdeutschen jedoch nicht zuteil geworden*: jeder Auslandsdeutsche wird vielmehr sorgfältig zu prüfen haben, ob in seiner Person die Voraussetzungen für eine Abgabebefreiung oder -erleichterung überhaupt gegeben sind, und — bei Bejahung dieser Frage — welche Maßnahmen er ergreifen muß, um der Steuervergünstigung teilhaftig zu werden.

Das Verhältnis der Auslandsdeutschen zum Reichsnotopfer ist bei der zweiten und dritten Beratung des Entwurfs — in durchgreifender Veränderung seiner ursprünglichen Gestalt und der durch die Ausschußberatung erhaltenen Fassung — auf eine neue Grundlage gestellt worden. Um die endgültige gesetzliche Regelung richtig zu beurteilen, ist es geboten, zunächst die Entwickelung zu überblicken, die die Lage der Auslandsdeutschen während der parlamentarischen Beratung des Entwurfs genommen hat.

II.

Die Stellung der Auslandsdeutschen im Gesetzentwurf nach der Regierungsvorlage und der Ausschußberatung.

1. Das Notopfergesetz hat zwei Vorläufer, deren Vorbild auf seine Gestaltung wesentlich eingewirkt hat: das Wehrbeitragsgesetz und das Besitzsteuergesetz. Diese beiden 1913 angenommenen Gesetze hatten[1]) von der unbeschränkten Steuerpflicht die deutschen Reichsangehörigen befreit, die keinen Wohnsitz in einem deutschen Bundesstaate haben und sich seit länger als zwei Jahren dauernd im Ausland aufhalten. Die Steuerbefreiung war nicht vorgesehen für Reichs- und Staatsbeamte, die im Ausland ihren dienstlichen Wohnsitz haben.

Die amtlichen Begründungen der beiden Gesetze halten eine besondere Rechtfertigung dieser Steuerbefreiung nicht für geboten. Da beide Gesetze das ausländische Grund- und Betriebsvermögen aller (auch der Inlands-) Deutschen steuerfrei ließen,[2]) war der Schritt zu völliger Freilassung des Vermögens der Auslandsdeutschen von der Steuer nicht weit.

---

[1]) § 10 I,1 des Wehrbeitragsgesetzes und § 11 I,1 des Besitzsteuergesetzes.

[2]) § 10 I des Wehrbeitragsgesetzes, dessen amtliche Begründung (S. 19) auf die „ausschließliche Steuerhoheit" des territorial berührten Auslandsstaats sowie auf die „technischen Rücksichten der Steuerveranlagung" verweist, und § 5 des Besitzsteuergesetzes.

2. Der vom Reichsminister der Finanzen der verfassunggebenden Deutschen Nationalversammlung vorgelegte Entwurf des Notopfergesetzes[3]) unterstellte die Auslandsdeutschen in gleicher Weise wie alle anderen Reichsangehörigen der Abgabepflicht. In der amtlichen Begründung (S. 16, 17) wird diese bewußte Abweichung von der den Auslandsdeutschen in den Reichssteuergesetzen von 1913 zuteil gewordenen Behandlung damit begründet, daß die Notopferpflicht der Wehrpflicht entspreche, die für die Auslandsdeutschen in demselben Maße wie für die Inlandsdeutschen gegolten hätte, sowie daß die Freistellung der Auslandsdeutschen von der Abgabe ohne innere Berechtigung sei, weil sie im Ausland den Schutz des Deutschen Reichs erführen und jederzeit in Deutschland wieder in den vollen Genuß ihres Bürgerrechts treten könnten. Härten, die z. B. durch die allgemeine steuerliche Belastung im fremden Staate entstehen könnten, sollte der § 50 des Entwurfs vorbeugen, der den Reichsminister der Finanzen ermächtigte, Auslandsdeutschen unter gewissen Vorausetzungen die Abgabe ganz oder teilweise zu erlassen.

Diese Stellungnahme des Entwurfs erregte in den Kreisen der Auslandsdeutschen lebhafte Beunruhigung. Es wurde zutreffend darauf hingewiesen, daß hierdurch der Grundsatz der Gleichmäßigkeit und damit der Gerechtigkeit der Besteuerung verletzt werde; während in Deutschland jeder Besitzende nach Maßgabe seines Vermögens zur Abgabe herangezogen werde, gerate der im Ausland erwerbstätige Deutsche gegenüber dem ausländischen Konkurrenten ins Hintertreffen; die Schmälerung seines Vermögens durch das Notopfer schwäche seine wirtschaftliche Kraft und damit seine Wettbewerbsfähigkeit: hierdurch würde der deutsche Außenhandel empfindliche Einbuße erleiden.

3. In der Beratung des Entwurfs durch den von der Nationalversammlung eingesetzten Ausschuß strebte ein

[3]) Drucks. der Nat.-Vers. 1919 Nr. 677.

— Presseberichten zufolge von dem Abgeordneten Dr. Rießer gestellter — Antrag[4]) die Abgabebefreiung für die Reichsangehörigen an, die durch Entscheidungen ihrer früher für sie in Deutschland zuständig gewesenen Steuerbehörde als Ausländer (Auslandsdeutsche) im Sinne der Steuergesetze anerkannt und aus der Steuerpflicht entlassen worden sind und seitdem ihren dauernden Aufenthalt oder Wohnsitz nicht wieder nach Deutschland zurückverlegt haben. Der Kommissar des Reichsfinanzministeriums führte demgegenüber aus, daß sich eine gesetzliche Freistellung der Auslandsdeutschen mit dem Sinne des Reichsnotopfers nicht vereinen lasse; dieses solle alle Deutschen dem Gesetze nach gleichmäßig treffen. Dagegen stellte die Regierung eine weitherzige Anwendung des § 50 (siehe oben unter 2) in Aussicht; es würde durch die Verwaltungspraxis „das Kapital der im Erwerbsleben stehenden Auslandsdeutschen" geschont werden.

Auf Grund dieser Erklärungen wurde der Antrag, im § 2 die Abgabefreiheit der Auslandsdeutschen festzulegen, nicht angenommen.[5]) Dagegen wurde der mehrfach erwähnte Härteparagraph des Notopferentwurfs (§ 50) noch weiter ausgestaltet[6]) und dem Reichsminister der Finanzen darin die Ermächtigung erteilt, nach Richtlinien, die die Reichsregierung aufstellt, denjenigen Angehörigen des Deutschen Reichs, die sich mindestens seit dem 1. August 1914 ununterbrochen im Ausland des Erwerbes wegen oder aus sonstigen zwingenden Gründen aufhalten, ohne einen Wohnsitz im Inland zu haben, die Abgabe, soweit sie nicht auf inländisches Grund- oder Betriebsvermögen entfällt, ganz oder teilweise zu erlassen. Diesen Personen sollten gleichstehen diejenigen, die vor dem Kriege ihren Wohnsitz oder gewöhnlichen Aufenthalt im Ausland des Erwerbes wegen oder aus sonstigen

---

[4]) Drucks. der Nat.-Vers. 1919 zu Nr. 1611 (Anl. z. Bericht d. 10. Aussch.) S. 1. Antrag Nr. 133 Ziffer 1a.

[5]) Drucks. der Nat.-Vers. 1919 Nr. 1611 (Bericht d. 10. Aussch.) S. 5.

[6]) Bericht S. 26, Anlage zum Bericht S. 38. Antrag Nr. 238.

zwingenden Gründen hatten, ohne einen Wohnsitz im Inland zu haben, und sich entweder bei Ausbruch des Krieges vorübergehend im Inland aufhielten oder nach Ausbruch des Krieges ins Inland gekommen sind und nachweislich aus den vorgenannten Gründen im Ausland wieder ihren Wohnsitz oder gewöhnlichen Aufenthalt nehmen.

Bei der Beratung dieser Bestimmung stellte der Reichsfinanzminister zufolge der Anregung eines Abgeordneten eine Ausführungsbestimmung in Aussicht, auf Grund deren Steuerpflichtige, deren Vermögen in ausländischer Währung festliege, dieses in der ausländischen Valuta aufstellen und in ihr die Abgabe zahlen dürften, damit nicht durch eine künftige Steigerung des Markkurses die Steuerschuld dieser Personen erhöht und ihnen dadurch ein unter Umständen unerträgliches Valutarisiko aufgebürdet werde. Auch wies der Minister auf die Bedeutung des § 50 Abs. 2 für die Auslandsdeutschen hin, wonach der Reichsfinanzminister mit den Steuerpflichtigen die Zahlung eines Pauschalbetrages für das Notopfer vereinbaren könne, wenn die Feststellung des Vermögenswertes besonderen Schwierigkeiten begegne.

Endlich fügte der Ausschuß als § 50a neu die Vorschrift ein, daß bei allen Abgabepflichtigen, die während des Krieges ihren Wohnsitz oder in Ermangelung eines Wohnsitzes ihren dauernden Aufenthalt im Ausland oder in einem der durch den Friedensvertrag abgetretenen Gebiete des Deutschen Reichs hatten und infolge des Krieges Kleidungsstücke oder Haushaltungsgegenstände verloren haben, ein dem Werte der verlorenen Kleidungsstücke oder Haushaltungsgegenstände entsprechender Vermögensteil bis zur Grenze von 50000 Mark (unter Anrechnung eines etwa erzielten Liquidationserlöses) abgabefrei bleiben sollte. Unter allseitiger Zustimmung wurde es als ein Gebot der Gerechtigkeit erklärt, den Deutschen, die in Feindesland oder im besetzten Gebiet ihren Hausrat verloren hätten, einen entsprechenden für die Wiederanschaffung erforderlichen Betrag ebenso steuerfrei zu lassen, wie der

Hausrat selbst durch § 11 des Gesetzes steuerfrei gelassen sei.[7])

In dieser Fassung, die die Auslandsdeutschen kraft Gesetzes nur hinsichtlich ihres Hausrats begünstigte und sie im übrigen auf das Wohlwollen der Verwaltungspraxis verwies, kehrte der Entwurf an die Nationalversammlung zurück.

[7]) Bericht S. 26, 27, Anlage zum Bericht S. 38, 39. Antrag Nr. 239.

III.

Die Umgestaltung des Entwurfs zugunsten der Auslandsdeutschen durch die Nationalversammlung.

Das Ergebnis der Ausschußberatung befriedigte die Auslandsdeutschen keineswegs; namentlich erschien die Aussicht auf eine wohlwollende Verwaltungspraxis als ein unzureichender Schutz, und der Ruf nach gesetzlicher Festlegung der Steuerbevorzugung erscholl immer lauter. Diesen Wünschen kam ein zur zweiten Plenarberatung des Entwurfs gestellter Antrag der Abgeordneten Dr. Blunck, Dr. Braun (Franken) und Farwick entgegen,[8]) der von der Nationalversammlung angenommen und in den endgültigen Gesetzestext übergegangen ist. Hiernach lautet § 2 Absatz 1 Ziffer 1 des Reichsnotopfergesetzes, wie folgt:

Abgabepflichtig sind die Angehörigen des Deutschen Reichs mit Ausnahme derjenigen, die bereits vor dem 31. Juli 1914 sich mindestens zwei Jahre ununterbrochen des Erwerbes wegen oder aus anderen zwingenden Gründen im Ausland aufgehalten haben, ohne einen Wohnsitz im Inland zu haben, und entweder am 31. Dezember 1919 noch im Ausland wohnen oder innerhalb eines Jahres nach Friedensschluß des Erwerbes wegen im Ausland wieder ihren Wohnsitz nehmen.

Die Ausnahme findet keine Anwendung auf Reichs- und Staatsbeamte, die ihren dienst-

---

[8]) Drucks. der Nat.-Vers. 1919 Abänderungsantrag Nr. 1678 Ziffer 1.

lichen Wohnsitz im Ausland haben. Wahlkonsuln gelten nicht als Beamte im Sinne dieser Vorschrift.

Eine Einschränkung erfuhr diese Abgabebefreiung durch **§ 3** des Gesetzes, der auf Antrag der vorgenannten Abgeordneten[9]) die nachstehende Fassung erhielt:

Ohne Rücksicht auf Staatsangehörigkeit, Wohnsitz, Aufenthalt, Sitz oder Ort der Leitung sind alle natürlichen und juristischen Personen sowie Vermögensmassen mit ihrem gesamten inländischen Grund- und Betriebsvermögen und mit den im Artikel 297 i des Friedensvertrags vorgesehenen Entschädigungen abgabepflichtig, soweit § 2 Abs. 2 nicht etwas anderes vorschreibt.

Weiter wurde der bisherige § 50 Abs. 1, der den Reichsminister der Finanzen zu einer die Auslandsdeutschen schonenden Verwaltungspraxis ermächtigte, als nunmehr überflüssig gestrichen[10]) und dem vom Ausschusse eingefügten § 50 a, der im verkündeten Gesetz[11]) **§ 60** lautet, folgende Fassung gegeben:[12])

Bei allen Abgabepflichtigen, die infolge des Krieges Kleidungsstücke oder Haushaltungsgegenstände verloren haben, bleibt, soweit noch keine Neuanschaffungen erfolgt sind, das Vermögen in Höhe des Wertes der verlorenen Kleidungsstücke und Haushaltungsgegenstände, jedoch nicht über fünfzigtausend Mark abgabefrei.

---

[9]) Drucks. der Nat.-Vers. 1919 Abänderungsantrag Nr. 1678 Ziffer 4 und Abänderungsantrag Nr. 1803 Ziffer 1.

[10]) Drucks. der Nat.-Vers. 1919 Abänderungsantrag Nr. 1678 Ziffer 20; stenographische Berichte über die Verhandlungen der Deutschen Nationalversammlung 127. Sitzung S. 4020.

[11]) Reichsgesetzblatt 1919 S. 2189.

[12]) Drucks. der Nat.-Vers. 1919 Abänderungsantrag Nr. 1678 Ziffer 21; stenographische Berichte 127. Sitzung S. 4020.

Sind diese Gegenstände oder ein Teil derselben unter einem feindlichen Zwange veräußert, so gilt der Betrag, um den ihr Wert höher ist als der Erlös, als verloren. Der Erlös bleibt abgabefrei. Neben ihm darf aber eine Abgabefreiheit für den Wert der verlorenen Gegenstände nur insoweit eintreten, als dieser einschließlich des Erlöses fünfzigtausend Mark nicht übersteigt.

Endlich wurde auf Antrag der Abgeordneten Dr. Blunck, Dr. Braun (Franken) und Farwick[13]) eine Entschließung angenommen, der der Reichsminister der Finanzen nachdrücklich zustimmte.[14]) Die Reichsregierung wurde darin ersucht, unverzüglich nach der Ratifikation des Friedensvertrags internationale Verhandlungen einzuleiten, um die Doppelbesteuerung zu beseitigen und die Rechtshilfe in Steuersachen zu gewährleisten. In der Begründung dieser Resolution gab einer der Antragsteller der Überzeugung Ausdruck, daß damit für die Auslandsdeutschen Vorteile von allergrößter Bedeutung geschaffen seien.[15])

Die vorstehenden Betrachtungen lassen erkennen, daß

1. das Notopfergesetz die Auslandsdeutschen nicht etwa in ihrer Gesamtheit, sondern nur insoweit von der allen Reichsangehörigen auferlegten unbeschränkten Abgabepflicht entbürdet hat, als sie den im Gesetz (§ 2 Abs. 1 Ziffer 1) vorgesehenen persönlichen Anforderungen genügen;

2. auch die von der unbeschränkten Notopferpflicht befreiten Auslandsdeutschen in Beschränkung auf einen Teil ihres Vermögens abgabepflichtig sein können;

3. die unbeschränkt wie die beschränkt abgabepflichtigen Auslandsdeutschen, die infolge des Krieges Kleidungsstücke oder Haushaltungsgegenstände eingebüßt haben, diesen Ver-

---

[13]) Drucks. der Nat.-Vers. 1919 Entschließung Nr. 1801.
[14]) Stenogr. Berichte 132. Sitzung S. 4127.
[15]) Stenogr. Berichte 132. Sitzung S. 4126.

lust in bestimmten Grenzen bei der Vermögensfeststellung berücksichtigen dürfen.

Nach diesen Richtungen wird das steuerliche Verhältnis der Auslandsdeutschen zum Reichsnotopfer zu untersuchen sein.

IV.

Die Notopferpflicht der Auslandsdeutschen.

A) Inwieweit sind die Auslandsdeutschen von der **unbeschränkten** Abgabepflicht befreit?

1. Unter Auslandsdeutschen im Sinne der Steuergesetze sind nur Angehörige des DeuschenReichs zu verstehen. Im Ausland wohnende Deutsche, die dort ihr Volkstum und ihre Sprache erhalten, ihre Staatsangehörigkeit[16]) aber verloren haben, gehören somit ebensowenig hierher wie die Deutschen Österreichs, solange Österreich mit dem Deutschen Reich staatsrechtlich noch nicht vereinigt ist; sie sind von der unbeschränkten Abgabepflicht schlechthin befreit.

Nicht hierher gehören ferner diejenigen Deutschen, die in den durch den Friedensvertrag vom Deutschen Reich losgerissenen Gebieten wohnen, soweit sie durch den Gebietsübergang die deutsche Staatsangehörigkeit verloren und eine ausländische Staatsangehörigkeit erworben haben; sie sind hiermit „Angehörige außerdeutscher Staaten" geworden und unterliegen, sofern sie neben ihrem ausländischen Wohnsitz auch im Deutschen Reich einen Wohnsitz oder einen dauernden Aufenthalt des Erwerbes wegen haben, mit der aus Artikel 297 j des Friedensvertrages folgenden Maßgabe einer durch § 2 Abs. 1 Ziffer 2 und 3 des Gesetzes

---

16) Art. 110 der Verfassung des Deutschen Reichs v. 11. August 1919 (Reichsgesetzblatt S. 1383) in Verbindung mit dem Reichs- und Staatsangehörigkeitsgesetz vom 22. Juli 1913 (Reichsgesetzblatt S. 583), das am 1. Januar 1914 an die Stelle des Gesetzes über die Erwerbung und den Verlust der Bundes- und Staatsangehörigkeit vom 1. Juni 1870 (Bundesgesetzblatt S. 355) getreten ist.

besonders geregelten unbeschränkten Notopferpflicht. Dies gilt auch insoweit, als ehemaligen Deutschen in dem Friedensvertrage das Recht eingeräumt ist, innerhalb einer bestimmten Frist die deutsche Staatsangehörigkeit zurückzuerwerben; bis sie diese Option ausüben, sind sie nicht Auslandsdeutsche, sondern Ausländer.[17]) Hängt dagegen ungeachtet des Gebietswechsels der Erwerb der ausländischen Staatsangehörigkeit von der Genehmigung der ausländischen Regierung ab, so steht der von dieser Genehmigung abhängige Deutsche bis zu ihrer Erteilung jedem anderen im Ausland lebenden Deutschen gleich. Der für die persönliche Abgabepflicht im Hinblick auf das Notopfergesetz maßgebende Zeitpunkt ist der 31. Dezember 1919.[18]) Wer an diesem Stichtage die deutsche Staatsangehörigkeit gehabt hat, gilt für das Notopfergesetz als Angehöriger des Deutschen Reichs. Ist er freilich durch den Friedensvertrag Staatsangehöriger einer der alliierten und assoziierten Mächte geworden, so kann die Abgabe — als Kapitalsteuer — erst nach Ablauf von drei Monaten nach Inkrafttreten des Friedensvertrages von ihm erfordert werden: der Sinn dieser Bestimmung ist offenbar, daß den Angehörigen dieser Nationen eine Frist gewährt werden sollte, innerhalb der sie, um die Zahlung der deutschen Vermögenssteuern zu vermeiden, ihren Wohnsitz aus dem Gebiet des Deutschen Reichs ins Ausland verlegen können.[19])

Nur natürliche Personen kommen in Frage; Erwerbsgesellschaften oder sonstige Körperschaften mit ausländischem Sitz sind der unbeschränkten Abgabepflicht nicht unterworfen.

Nicht zu den Auslandsdeutschen zählen endlich diejenigen Reichsangehörigen, die nicht mit ihrer Person, sondern nur mit ihrem Vermögen im Ausland gewirkt

---

[17]) Scholz, Friedensvertrag und Staatssteuerrecht, Deutsches Steuerblatt 1920 S. 195 ff.

[18]) § 22 Abs. 1 des Notopfergesetzes.

[19]) Ebenso Heilfron, Friedensvertrag und Steuerrecht, Deutsche Steuer-Zeitung 1919 S. 189 ff.

haben oder noch wirken. Ein Antrag,[20]) der auch das im Ausland werbende Betriebsvermögen inländischer Deutscher steuerlich begünstigen wollte, ist von der Nationalversammlung abgelehnt worden; gegen ihn ist mit Recht eingewendet worden, daß das nach Kriegsausbruch, namentlich seit der Revolution in ausländische Betriebe gewanderte Kapital hierdurch eine Prämie erhalten hätte.[21])

2. Von der unbeschränkten Abgabepflicht sind allein solche Auslandsdeutschen frei, in deren Person für die Vergangenheit **und** für die Gegenwart oder die Zukunft bestimmte Erfordernisse erfüllt sind.

a) Für die Vergangenheit ist erforderlich, daß die Auslandsdeutschen bereits vor dem 31. Juli 1914 sich mindestens zwei Jahre ununterbrochen des Erwerbes wegen oder aus anderen zwingenden Gründen im Ausland aufgehalten haben, ohne einen Wohnsitz im Inland zu haben.

α) Ein früherer Aufenthalt im Ausland wird verlangt. Aufenthalt bedeutet ein örtliches Verweilen von einer gewissen Stetigkeit und Dauer.

Ausland ist das jenseits der Grenzen des Deutschen Reichs liegende Gebiet. Der Friedensvertrag hat die Reichsgrenzen enger gezogen; seit seinem Inkrafttreten sind ehemalige Reichsteile Ausland geworden. Hierdurch ergeben sich für die Auslegung des Auslandsbegriffs im Sinne des Notopfergesetzes Besonderheiten.

Soweit es darauf ankommt, ob der Auslandsdeutsche vor Kriegsbeginn sich im Ausland aufgehalten hat, sind zweifellos die damaligen Reichsgrenzen maßgebend (also z. B. Straßburg, Danzig, Posen nicht als Ausland anzusehen). Die ehemaligen deutschen Schutzgebiete gelten hierbei schon für die Zeit vor Ausbruch des Krieges als Aus-

---

[20]) Drucks. der Nat.-Vers. 1919 Abänderungsantrag Nr. 1711 Ziffer 1.

[21]) Stenogr. Berichte 126. Sitzung S. 3977, 3978. Dagegen ist die Steuerpflicht des Auslandsvermögens durch § 37 des Notopfergesetzes von den Schwankungen der deutschen Valuta unabhängig gemacht worden.

land; nicht weil Deutschland im Friedensvertrage auf sie hat verzichten müssen, sondern weil die Reichssteuergesetze durchgängig die Schutzgebiete zum Ausland gezählt haben:[22]) unsere Kolonialdeutschen sind daher als Auslandsdeutsche zu behandeln.

Soweit es andererseits darauf ankommt, ob der Auslandsdeutsche am 31. Dezember 1919 oder später (s. u. S. 22—24) im Ausland niedergelassen ist, ändert sich der Auslandsbegriff unter dem Einflusse des Friedensvertrages. Am 31. Dezember 1919 war der Vertrag noch nicht in Kraft getreten; daher hatte ein an diesem Tage in Danzig oder Posen ansässiger Deutscher einen inländischen Wohnsitz (während der in Straßburg oder Metz ansässige schon im Ausland wohnte, da laut Artikel 51 des Friedensvertrages Elsaß-Lothringen bereits mit dem 11. November 1918 „unter die französische Souveränität zurückgefallen" und damit Ausland geworden ist. Seitdem dagegen der Friedensvertrag in Geltung ist, also seit dem 10. Januar 1920,[23]) sind einzelne früher reichsdeutsche Gebiete ohne weiteres Ausland geworden (die Abtretungsgebiete), während das Verbleiben oder Ausscheiden anderer Reichsteile von einer Volksabstimmung abhängig gemacht ist (die Abstimmungsgebiete). Wer nach dem 10. Januar 1920 in einem Abtretungsgebiet (z. B. Posen, Memel, Danzig, nicht dagegen das Saarbecken) seinen Wohnsitz genommen hat, wohnt seitdem im Ausland. Wer nach dem 10. Januar 1920 seinen Wohnsitz in ein Abstimmungsgebiet (z. B. Beuthen, Flensburg) verlegt hat, hat nur seinen Inlandswohnsitz gewechselt, da — von der für die Kreise Eupen und Malmedy bestimmten Ausnahme abgesehen — die Abstimmungsgebiete zunächst unter deutscher Souveränität ver-

[22]) Fürnrohr, Die Begriffe „Inland" und „Ausland" im Reichsnotopfergesetzentwurf, Deutsche Steuer-Zeitung 1919 S. 150.

[23]) An diesem Tage ist das Protokoll über die Niederlegung der Ratifikationsurkunden in Paris errichtet (Artikel 440 des Friedensvertrages). Die Vereinigten Staaten von Nordamerika haben noch nicht ratifiziert.

blieben sind.[24]) Das besetzte Gebiet (z. B. Köln Düsseldorf) ist selbstverständlich nach wie vor Inland.

Nicht erforderlich ist, daß der Aufenthalt dauernd in demselben Auslandsgebiet genommen ist; der Auslandsdeutsche darf sich z. B. erst in Holland, dann in Indien aufgehalten haben. Ein Unterschied zwischen dem während des Krieges neutralen und dem im Kriege feindlichen Ausland ist von dem Gesetz nicht gemacht, so daß der aus den ehemals feindlichen Ländern geflüchtete Deutsche im Endergebnis hinsichtlich der Notopferpflicht ungünstiger fährt als der während des Krieges im neutralen Ausland unbehelligt gebliebene Auslandsdeutsche, der in vielen Fällen aus dem Aufblühen der neutralen Wirtschaft im Kriege Nutzen ziehen konnte. Die steuerliche Gleichstellung dieser vom Schicksal recht unterschiedlich behandelten Gruppen von Auslandsdeutschen ist deshalb erfolgt, weil nicht nur das beiden Gruppen Gemeinsame (ihre Bedeutung als Pioniere des Deutschtums im Auslande, als Stützen des deutschen Außenhandels), sondern auch das ihnen Besondere zu dem übereinstimmenden Ergebnisse der Abgabebefreiung führen mußte: bei den auslandsdeutschen Flüchtlingen die Rücksicht auf die durch ihre Entwurzelung geschaffene Notlage, bei den im ehedem neutralen Ausland ansässigen Auslandsdeutschen die Rücksicht auf die ungeschwächte Erhaltung ihrer Konkurrenzfähigkeit gegenüber dem örtlichen Wettbewerb des bisher neutralen oder feindlichen Auslands. Der letzterwähnte Beweggrund rechtfertigt auch die Freistellung der im früher verbündeten Ausland (Österreich, Ungarn, Bulgarien, Türkei) ansässigen Deutschen von der unbeschränkten Abgabepflicht.

β) Der Auslandsaufenthalt muß vor dem 31. Juli 1914 mindestens zwei Jahre gedauert haben. Deutsche,

---

[24]) Scholz a. a. O., sowie die Zusammenstellung „Friedensvertrag und Steuerpflicht" in der Neuen Steuer-Rundschau 1919 S. 2 ff. (in der noch davon ausgegangen ist, daß der Friedensvertrag vor dem 31. Dezember 1919 in Kraft treten würde).

die nach dem 31. Juli 1912[25]) im Ausland ansässig geworden sind, haben daher auf die Befreiung keinen Anspruch. Die zweijährige Frist ist ziemlich mechanisch älteren Steuergesetzen entlehnt: es hätte wohl genügt, denjenigen Deutschen die Steuervergünstigung zu versagen, die ihr — mitunter im Kriege stark vermehrtes — Vermögen ins Ausland getragen haben, als ihre Heimat ins Unglück geriet.

γ) Der Auslandsaufenthalt muß ein ununterbrochener gewesen sein. Lediglich der Inlandsaufenthalt „unterbricht"; indes stellen Besuche in der deutschen Heimat — auch auf Wochen oder selbst auf Monate ausgedehnte — Unterbrechungen nicht dar, sofern der Zusammenhang mit dem Ausland durch Fortführung des Auslandsgeschäfts, Beibehaltung des im Ausland gemieteten Ateliers und dergl. gewahrt, der Entschluß, den ausländischen Aufenthalt aufzugeben, also nicht betätigt worden ist.

δ) Der Auslandsaufenthalt muß des Erwerbes wegen oder aus anderen zwingenden Gründen stattgefunden haben. Es genügt die Ausübung jedweder — nicht notwendig gewerblichen — Erwerbstätigkeit (z. B. als Arzt, Landwirt, Lehrer, Forscher, Künstler). Gelegentliche Erwerbshandlungen reichen dagegen nicht aus; als Zweck des Aufenthalts kann nur eine stetig ausgeübte, auf die Dauer angelegte Erwerbstätigkeit in Frage kommen. Als sonstige zwingende Gründe dürfen gelten wissenschaftliche oder künstlerische Studien, die der beruflichen Aus- oder Fortbildung gewidmet sind, ernste Gesundheitsrücksichten, die einen langfristigen Auslandsaufenthalt Kranker zu Heilzwecken gebieten, unter Umständen (z. B. bei Abgeordneten, Journalisten, Schriftstellern) die Absicht, durch längeren Aufenthalt Land und Leute kennenzulernen. Als nicht hinreichend begründet ist dagegen der Auslandsaufenthalt des Vergnügungsreisenden oder Weltenbummlers anzusehen.[26])

[25]) § 64 der Reichsabgabenordnung in Verbindung mit §§ 187, 188 des Bürgerlichen Gesetzbuchs.

[26]) Stenogr. Berichte 126. Sitzung S. 3955.

ε) Während der Dauer des Auslandsaufenthalts darf der Deutsche einen Wohnsitz im Inland nicht gehabt haben. Einen Wohnsitz im Sinne der Steuergesetze hat jemand da, wo er eine Wohnung unter Umständen innehat, die auf die Absicht der Beibehaltung einer solchen schließen lassen.[27]) Ein Wohnsitz wird demnach nicht begründet durch Einlagerung von Möbeln in Räumen, die infolge mangelnder Herrichtung für eine angemessene Unterkunft nicht geeignet sind. Andererseits wird der Wohnsitz nicht ohne weiteres durch Verlegung des Aufenthalts ins Ausland aufgegeben; hat der Deutsche hierbei im Inland eine eingerichtete Wohnung beibehalten, die er ohne wesentliche Veränderung in verhältnismäßig kurzer Zeit gebrauchsfertig machen kann, dann hat er den inländischen Wohnsitz nicht verloren (so, wenn er Mieter der Wohnung geblieben ist und die lediglich mit Schutzüberzug versehenen Möbel hat zusammenrücken lassen; anders, wenn er die Wohnung gewissermaßen als Speicher benutzt und darin das in Kisten verpackte Mobiliar eingestellt hat).

Eine an einen Auslandsdeutschen verheiratete Deutsche, die vor dem Kriege mit diesem im Ausland lebte, hat einen Inlandswohnsitz regelmäßig auch dann erworben — und damit die Abgabefreiheit eingebüßt —, wenn innerhalb der zweijährigen Frist ihr Mann einen Wohnsitz im Inland genommen hat, während sie im Einverständnis mit ihm im Ausland geblieben ist (§ 10 BGB). Daraus können sich Unbilligkeiten ergeben, die auf Grund des Härteparagraphen der Reichsabgabenordnung[28]) im Verwaltungswege beseitigt werden müßten.

Unter Inland ist hier sinngemäß das Reichsgebiet in seinen vor Kriegsausbruch geltenden Grenzen zu verstehen.

b) Hierzu tritt als weiteres Erfordernis entweder für die Gegenwart, daß der Auslandsdeutsche am 31. Dezember 1919 noch im Ausland gewohnt hat, oder für die Zukunft,

---

[27]) § 62 Abs. 1 der Reichsabgabenordnung.

[28]) § 108.

daß er innerhalb eines Jahres nach Friedensschluß des Erwerbes wegen im Ausland wieder seinen Wohnsitz nimmt.

α) Die Möglichkeit, die Befreiung von der unbeschränkten Abgabepflicht dadurch zu erlangen, daß sie am 31. Dezember 1919 noch im Ausland[29]) wohnen, wird in der Regel nur den im ehedem neutralen Ausland ansässigen Deutschen gegeben gewesen sein. Sie gehen der Befreiung auch nicht dadurch verlustig, daß sie im Laufe des Jahres 1920 wieder im Inland Wohnsitz nehmen, vielmehr ist für sie mit dem Stichtage des Notopfergesetzes (31. Dezember 1919) der steuerliche Tatbestand vollständig erledigt. Waren sie dagegen vor dem 31. Dezember 1919 unter Aufgabe des Auslandswohnsitzes ins Inland zurückgekehrt, so muß die unter *β* nachstehend zu besprechende Bedingung hinzutreten, wenn sie der unbeschränkten Notopferpflicht entgehen wollen.

β) Auslandsdeutsche, die zwar den unter a aufgeführten Voraussetzungen genügen, am 31. Dezember 1919 jedoch nicht mehr im Ausland[29]) gewohnt haben, verlieren ihre Anwartschaft auf Befreiung von der unbeschränkten Abgabepflicht, wenn sie nicht innerhalb eines Jahres nach Friedensschluß im Ausland wieder ihren Wohnsitz nehmen. Die Frist für die Begründung des neuen Auslandswohnsitzes läuft daher am 10. Januar 1921 ab.[29a]) Möglicherweise werden nicht alle Auslandsdeutschen ihre Absicht, einen Auslandserwerb wieder aufzunehmen, innerhalb dieser Frist ausführen können; wenigstens bestehen zurzeit noch Einwanderungsverbote bisher feindlicher Staaten, die Reichsdeutschen den Zutritt in ihr Land verwehren. Sollten diese Verbote nicht rechtzeitig vor dem Ablauf der Frist aufgehoben werden, so entsteht für die dadurch betroffenen Auslandsdeutschen eine — wahrscheinlich nur durch eine Novelle zum Notopfergesetz zu beseitigende — Härte. Der § 4 der Reichsabgaben-

---

[29]) S. o. S. 19.

[29a]) S. Fußnote 23.

ordnung, inhaltsdessen bei Auslegung der Steuergesetze ihr Zweck, ihre wirtschaftliche Bedeutung und die Entwickelung der Verhältnisse zu berücksichtigen sind, würde insoweit für die Verwaltungspraxis eine Handhabe nicht bieten, da gegenüber dem wortdeutlichen Inhalt der Gesetzesvorschrift ein sie mildernder Auslegungsversuch versagen müßte. Eher würde der bereits erwähnte Härteparagraph der Reichsabgabenordnung Hilfe bringen können; freilich wäre es vorzuziehen, daß die auf dem Verwaltungswege ergehende Billigkeitsanordnung auf Einzelfälle begrenzt bliebe und die für einen großen Personenkreis notwendig werdende Abweichung von der im Notopfergesetz getroffenen Regelung unmittelbar auf einen gesetzlichen Boden gestellt würde.

Das Gesetz regelt versehentlich nicht den Fall, in dem ein Deutscher nach dem 31. Dezember 1919, aber vor dem 10. Januar 1920 seinen Wohnsitz ins Ausland verlegt hat; der Sinn des Gesetzes ergibt, daß dieser Deutsche so zu behandeln ist, als wenn er den Wohnsitzwechsel erst nach Inkrafttreten des Friedensvertrages vorgenommen hätte.

γ) Der Auslandswohnsitz muß des Erwerbes wegen wiederbegründet sein; sonst tritt Abgabefreiheit nicht ein. Was unter Erwerb verstanden wird, ist oben auf S. 21 unter δ dargelegt. Neben dem Erwerbsgrunde — der allerdings in der überwiegenden Mehrzahl der Fälle mindestens mitbestimmend sein wird — sind in diesem Zusammenhange andere zwingende Gründe nicht zugelassen; hiervon werden namentlich die Kranken betroffen, die jahrelang unter dem inländischen Klima vegetiert haben und eine Verlängerung ihres Lebens durch Verlegung des dauernden Aufenthalts in das klimatisch begünstigte Ausland erreichen möchten. Die Not der Zeit hat gegenüber diesen Personen die — an sich nicht verkannten — Billigkeitsrücksichten zurücktreten lassen und die Anwendung der Befreiungsvorschrift auf den Kreis der im Erwerbe Schaffenden, insbesondere der eigentlichen Auslandspioniere beschränkt.

δ) Dagegen fordert das Gesetz nicht, daß der Deutsche

in dem nämlichen Auslandsstaat seine Tätigkeit wieder aufnehme, in dem er sie vor dem Kriege ausgeübt hat. Die Regierungsvorlage hatte in ihrem § 50, der den eine Abgabeerleichterung begehrenden Auslandsdeutschen auf den Verwaltungsweg verwies, die Rückkehr in den gleichen Staat zur Bedingung gemacht, da anderenfalls eine neue Auswanderung vorliege.[30]) Daß diese Auffassung nicht in das Gesetz übergegangen ist, wird als Erfolg einer Eingabe zu verzeichnen sein, die der Bund der Auslandsdeutschen während der Ausschußberatung des Gesetzentwurfs eingereicht hat. Darin ist mit Recht auf die technische Schwierigkeit hingewiesen worden, bei den durch die Friedensverträge territorial veränderten Auslandsstaaten (das ehemalige Österreich-Ungarn, Rußland, die Türkei) den Identitätsnachweis zu führen; ferner ist dargelegt, daß beispielsweise der südamerikanische Deutsche Anlaß haben könnte, nicht in den früheren Gaststaat, sondern in die ganz ähnlichen Wirtschaftsverhältnisse eines anderen südamerikanischen Staates zurückzukehren. Insoweit der Bund der Auslandsdeutschen in einer früheren Eingabe vorgeschlagen hatte, statt der Identität des Gaststaates lieber diejenige der Erwerbstätigkeit zu fordern, ist das Gesetz über diesen Wunsch sogar noch hinausgegangen; nicht nur ein Wechsel des Auslandsstaats, sondern auch ein Wechsel des Erwerbs ist zugelassen: der Auslandsdeutsche, der vor dem Kriege Kaffee aus Brasilien exportiert hat, darf künftig eine Fleischkonservenfabrik in Argentinien errichten, ohne dadurch abgabepflichtig zu werden.

c) Von der Steuerbegünstigung ausgeschlossen sind kraft ausdrücklicher Gesetzesvorschrift die Reichs- und Staatsbeamten (mit Ausnahme der Wahlkonsuln), die ihren dienstlichen Wohnsitz im Ausland haben.

Reichs- und Staatsbeamte — zu denen auch die mittelbaren gehören — begründen einen dienstlichen Wohnsitz im Ausland nur dann, wenn ihnen das Amt oder die Dienst-

---

[30]) Amtl. Begründung des Gesetzentwurfs S. 16.

stelle dauernd verliehen ist. Ein Auslandsdeutscher, der vor Kriegsausbruch eine Dienststelle lediglich kommissarisch verwaltet hat, fällt daher nicht unter die (ihm nachteilige) Ausnahmebestimmung.

Wahlkonsuln sind Träger eines unbesoldeten Ehrenamtes, die nicht aus der Beamtenlaufbahn hervorgegangen, sondern in der Regel aus der Mitte der in dem Auslandsstaate niedergelassenen deutschen Kaufleute ernannt sind.[31])

Ob die Unterstellung der Auslandsbeamten unter die Notopferpflicht gerechtfertigt ist, darf füglich bezweifelt werden. Die Vorschrift geht auf das Wehrbeitragsgesetz[32]) und auf das Besitzsteuergesetz[33]) zurück. Im Jahre 1913, als diese Gesetze erlassen wurden, hatte indes die deutsche Reichsmark im Ausland noch ihren vollen Wert, während gegenwärtig ihre Kaufkraft außerhalb der Reichsgrenzen auf weniger als ein Zehntel gesunken ist. Schon vor Ausbruch des Krieges mußte in vielen Auslandsstaaten der deutsche Beamte kräftig in die eigene Tasche greifen, um seine durch das karge Gehalt nicht gedeckte Lebenshaltung zu sichern: wie hoch wird das Reich das Gehalt seiner Auslandsbeamten erst jetzt bemessen müssen, um — nach der Schmälerung ihres Vermögens durch das Notopfer — sie trotz der auch im Ausland eingetretenen Steigerung der Preise für alle Lebensbedürfnisse und der sie vervielfachenden Entwertung des deutschen Geldes existenzfähig zu erhalten!

Soweit nicht der Auslandsdeutsche die bisher erörterten Voraussetzungen lückenlos als vorhanden nachzuweisen vermag, unterliegt er wie jeder im Inland ansässige Reichsangehörige der unbeschränkten Notopferpflicht, d. h. er ist der Abgabe mit seinem gesamten — im Inland und im Ausland befindlichen — Vermögen unterworfen.[34]) Jedoch auch wenn

[31]) v. Ullmann, Völkerrecht S. 210, 211.

[32]) § 10 I,1 Satz 2 und 3.

[33]) § 11 I,1 Satz 2 und 3.

[34]) § 2 Abs. 2 Ziffer 1 des Notopfergesetzes.

er infolge Erfüllung der gesetzlichen Erfordernisse von der unbeschränkten Abgabepflicht frei ist, kann ihm gleichwohl eine auf einen Teil seines Vermögens beschränkte Abgabepflicht obliegen.

B) Inwieweit unterliegen die von der unbeschränkten Abgabepflicht befreiten Auslandsdeutschen einer **beschränkten** Abgabepflicht?

1. § 3 des Notopfergesetzes[35]) bestimmt, daß einer auf bestimmte Vermögensgruppen beschränkten Abgabepflicht schlechthin alle Personen unterliegen. Da der Wohnsitz oder Aufenthalt des Abgabepflichtigen — das steuerliche Charakteristikum des Auslandsdeutschen — in diesem Zusammenhange ohne Bedeutung ist, erstreckt sich die beschränkte Abgabepflicht auch auf die Auslandsdeutschen; diese müssen hiernach unter allen Umständen das Notopfer von den in der Vorschrift aufgeführten Vermögensteilen zahlen.

2. Die schlechthin abgabeunterworfenen Vermögensgruppen.

a) In erster Linie ist das gesamte inländische Grund- und Betriebsvermögen abgabepflichtig.

Unter inländischem Grundvermögen sind die im Deutschen Reich belegenen — unbebauten oder bebauten — Grundstücke einschließlich ihrer Bestandteile und des Zubehörs zu verstehen[36]); ferner gehören hierher die Berechtigungen, auf die die Vorschriften des bürgerlichen Rechts über Grundstücke Anwendung finden[37]) (z. B. Erbbaurechte, Fischereirechte u. dgl.).

Zum inländischen Betriebsvermögen anderseits gehören alle dem Betriebe der Land- und Forstwirtschaft, des Bergbaues oder eines Gewerbes gewidmeten

[35]) Text oben S. 13.
[36]) § 6 Satz 2 Ziffer 1 des Notopfergesetzes.
[37]) § 7 des Notopfergesetzes.

Gegenstände[38]) (körperliche Sachen und Rechte), falls das Unternehmen im Inland geführt wird.

Soweit die Begriffe des inländischen Grundvermögens und des inländischen Betriebsvermögens im Einzelfalle gegeneinander abgegrenzt werden müssen, wird man unter dem hier maßgebenden Gesichtspunkte als Grundvermögen alles im Inland belegene unbewegliche Vermögen, auch wenn es einem ausländischen Gewerbebetriebe gewidmet ist, anzusehen haben, dagegen als Betriebsvermögen nur das nicht in Grundstücken und den grundstücksgleichen Berechtigungen bestehende, für einen inländischen Betrieb bestimmte Vermögen.[39]) Zweifel können entstehen, wenn ein Auslandsdeutscher im Inland einen Gewerbebetrieb unterhält und im Ausland Bestandteile des Betriebsvermögens ohne selbständige Betriebsstätte hat. Diese Gegenstände werden zu dem inländischen Betriebsvermögen gehören, also notopferpflichtig sein.[40])

Ein deutscher Auslandskaufmann ist zwar mit seiner kommanditistischen Beteiligung an einem Inlandsunternehmen, nicht aber mit seinem Besitze an Aktien deutscher Aktiengesellschaften oder an Geschäftsanteilen deutscher Gesellschaften mit beschränkter Haftung schlechthin abgabepflichtig: nur die Kommanditeinlagen sind Betriebsvermögen; die Aktien und Geschäftsanteile stellen Kapitalvermögen dar.

b) Des weiteren ist die Abgabe von den im Artikel 297i des Friedensvertrages vorgesehenen Entschädigungen zu zahlen. Dieser Artikel verpflichtet das Deutsche Reich, „seine Angehörigen wegen der Liquidation oder Einbehaltung ihrer Güter, Rechte oder Interessen in den alliierten oder assoziierten Ländern zu entschädigen". In Ausführung dieser Verpflichtung sind Bestimmungen ergangen, die einen Rechtsanspruch der geschä-

---

[38]) § 6 Satz 2 Ziffer 2 und § 8 des Notopfergesetzes.

[39]) Vgl. Strutz, Kommentar zum Kriegssteuergesetz S. 61 unten.

[40]) Strutz a. a. O. S. 62.

digten Deutschen gegenüber dem Reiche begründet[41]) und das Entschädigungsverfahren weiter ausgestaltet haben.[42])

Als in der Nationalversammlung die Beschlüsse ergingen, durch die der Regierungsentwurf zugunsten der Auslandsdeutschen abgeändert wurde, wurden keinerlei Bedenken dagegen laut, neben dem inländischen Grund- und Betriebsvermögen der Auslandsdeutschen auch die hier erwähnten Entschädigungen der Abgabepflicht zu unterwerfen. Es wurde lediglich im Einverständnis mit dem Reichsminister der Finanzen festgestellt, daß diese Entschädigungen nur insoweit zum Notopfer herangezogen werden sollten, als dem entschädigten Auslandsdeutschen überhaupt ein Aktivsaldo verbleibt, d. h. als nach Deckung seiner Schulden ein Kapital für ihn übrig geblieben ist, mit dem er seine Zukunft neu aufbauen kann.[43])

Man wird hier mit Bedauern feststellen müssen, daß den Auslandsdeutschen, und zwar gerade den schonungsbedürftigsten unter ihnen, mit der einen Hand ein wesentlicher Teil dessen genommen worden ist, was ihnen die andere Hand gegeben hat. Der Standpunkt, in Ansehung des inländischen Grund- und Betriebsvermögens den Auslandsdeutschen nicht günstiger zu stellen als den Inlandsdeutschen, läßt sich bis zu einem gewissen Grade rechtfertigen, wenngleich namentlich inländisches Betriebsvermögen in zahlreichen Fällen den Boden für den Auslandsbetrieb bildet. Wenn man dagegen die Auslandsdeutschen — und zwar nicht nur aus Billigkeitserwägungen, sondern aus wohlverstandenen nationalen Rücksichten — steuerlich begünstigen wollte, so wäre es richtiger gewesen, die Entschädigungen des Artikels 297 i vom Notopfer freizulassen. Werden schon mit Rücksicht auf den Stand der deutschen Valuta die Ver-

[41]) Gesetz über Enteignungen und Entschädigungen usw. vom 31. August 1919 (RGBl. S. 1527).

[42]) Bekanntmachung vom 15. November 1919 (RGBl. S. 1891) und die „Richtlinien" (Reichsanzeiger Nr. 267).

[43]) Drucks. der Nat.-Vers. 1919 Abänderungsantrag Nr. 1678 Ziffer 4, Nr. 1803 Ziffer 1, stenogr. Berichte 126 Sitzung, S. 3978.

luste der Auslandsdeutschen nur in mehr oder weniger engen Grenzen ausgeglichen werden können, so tritt eine weitere Kürzung der Entschädigungssumme durch das Notopfer ein. Hierdurch wird aber die Absicht, die Auslandsdeutschen draußen wieder Fuß fassen zu lassen und ihnen eine aussichtsreiche Konkurrenz mit Ausländer-Unternehmungen zu ermöglichen, praktisch stark gehemmt. Unbefriedigend ist auch, daß durch diese Regelung die im neutralen Auslande lebenden, also in jeder Hinsicht günstiger gestellten Auslandsdeutschen erheblich besser stehen als die Reichsangehörigen, denen gleich zu Beginn oder bald nach Ausbruch des Krieges die Grundlage ihrer Existenz im Auslande systematisch vernichtet worden ist. Anscheinend ist der wirtschaftspolitische Gedanke hinter der ein wenig fiskalischen Idee zurückgetreten, daß eine aus Reichsmitteln geleistete Entschädigung jedenfalls von der Abgabe ergriffen werden müsse. Die Erleichterung, daß die Entschädigung nur insoweit abgabepflichtig ist, als sie den Betrag der Schulden des Auslandsdeutschen übersteigt, bewahrt wohl den Auslandsdeutschen vor besonders schwerer Einbuße, fördert aber nicht den wirtschaftlichen Wiederaufbau des deutschen Außenhandels.

3. Die dem § 3 hinzugefügte Einschränkung, daß die in ihm vorgesehene Abgabepflicht nur insoweit gelte, als § 2 Abs. 2 nicht etwas anderes vorschreibt, ist für die Stellung der Auslandsdeutschen ohne praktische Bedeutung, da § 2 Abs. 2 für sie eine dem § 3 entgegenstehende Regelung nicht trifft.

C) Inwieweit wird den abgabepflichtigen Auslandsdeutschen ein Kriegsverlust an Kleidungsstücken oder Haushaltungsgegenständen gutgebracht?

1. In der Ausschußberatung der Regierungsvorlage wurde der Widerspruch erkannt, der darin zu erblicken ist,

daß auf der einen Seite der jetzige § 11 Ziffer 1 des Gesetzes den gesamten Hausrat von dem steuerbaren Vermögen ausnimmt, anderseits denjenigen Deutschen, die ihren Hausrat im Feindesland eingebüßt haben, ein für die Wiederbeschaffung entsprechender Teil ihres Vermögens nicht steuerfrei gelassen war. Auf Grund eines aus der Mitte des Ausschusses gestellten Antrages[44]) ist hier ein gewisser Ausgleich geschaffen worden.

Ihre endgültige Fassung hat diese Bestimmung im § 60 des Gesetzes gefunden, dessen Text oben S. 13 wiedergegeben ist.

2. Hiernach können Auslandsdeutsche eine Abgabevergünstigung in Anspruch nehmen, wenn

a) sie Kleidungsstücke oder Haushaltungsgegenstände (d. i. Hausrat im weitesten Sinne) verloren haben,

b) dieser Verlust eine Folge des Krieges ist. (Auch ein nach der Flucht des Auslandsdeutschen in seinem unbewacht zurückgelassenen ausländischen Besitztum verübter Einbruchsdiebstahl stellt eine Kriegsfolge dar, da ohne Eintritt des Krieges das Haus besser hätte beaufsichtigt werden können.)

3. Indes ist die den Auslandsdeutschen für Ergänzungsanschaffungen dieser Art freigelassene Rücklage nach mehreren Richtungen begrenzt:

a) Keinesfalls darf die abgabefreie Summe den Betrag von 50000 Mark überschreiten. Dieser Betrag würde vor dem Kriege wohl genügt haben, selbst einer ausgedehnteren Familie die eingebüßte Kleidung und Hausausstattung wiederzubeschaffen; gegenwärtig ist er jedoch völlig unzureichend: man braucht sich bloß die jetzt für Kleidung, Schuhzeug, Möbel usw geforderten und gezahlten Preise zu vergegenwärtigen, um sich darüber klar zu werden, daß das Bestreben, die kapitalkräftigeren Auslandsdeutschen steuerlich nicht allzusehr zu entlasten, die vom Gesetzgeber

---

[44]) Drucks. der Nat.-Vers. zu Nr. 1611 S. 38, 39 Antrag Nr. 239.

geleistete Hilfe nicht wirksam genug gestaltet hat. Der Auslandsdeutsche, der nicht über reiche Mittel verfügt, wird im Ausland seinen Haushalt nur ärmlich wieder aufrichten können.

b) Soweit der Verlust infolge feindlicher Liquidation eingetreten ist, muß sich der Auslandsdeutsche den hierfür erlangten Erlös anrechnen lassen und kann Abgabefreiheit nach § 60 nur insoweit in Anspruch nehmen, als sein Schaden einerseits höher als dieser Erlös ist, andererseits zuzüglich des Erlöses nicht mehr als 50 000 Mark beträgt.

c) Hat der Auslandsdeutsche inzwischen Ergänzungsanschaffungen an Kleidung oder Hausrat vorgenommen, so muß er sich den hierfür aufgewendeten Betrag — der ja am Notopferstichtage, dem 31. Dezember 1919, in seinem Vermögen nicht mehr liegt — dergestalt anrechnen lassen, daß nur die Differenz zwischen 50 000 Mark und der für die Ergänzungsanschaffungen ausgegebenen Summe von der Abgabe zurückgestellt werden darf.

V. Die Erhebung des Notopfers der Auslandsdeutschen.

1. Allgemeines. Wenn und soweit der Auslandsdeutsche notopferpflichtig ist, regeln sich die Veranlagung und die Entrichtung der Abgabe nach den allgemeinen Grundsätzen der Reichsabgabenordnung. Der abgabepflichtige Auslandsdeutsche hat also eine Steuererklärung abzugeben, sobald der hierfür gegenwärtig noch nicht bestimmte Zeitpunkt herangekommen sein wird. Er hat auf Verlangen des zuständigen Finanzamts, sofern er während des Verfahrens im Ausland wohnt, einen zum Empfang von Schriftstücken ermächtigten Vertreter zu bestellen. Er hat dem Finanzamt die von diesem gewünschte Auskunft zu erteilen, den geforderten Nachweis der Richtigkeit seiner Steuererklärung zu führen und auf Verlangen die von ihm behaupteten Tatsachen durch Versicherung an Eides Statt zu erhärten. Er hat, soweit notwendig, Bücher und Geschäftspapiere vorzulegen; wohnt er im Ausland, so wird das Finanzamt sich hierfür in der Regel der Vermittlung des deutschen Konsulats bedienen. Die Voraussetzungen der von ihm beanspruchten Abgabebefreiung hat hierbei der Auslandsdeutsche seinerseits nachzuweisen, da er sich auf eine Ausnahme von der Regel beruft. Nach Abschluß der Ermittelungen stellt dann das Finanzamt die Abgabe fest und erteilt dem Auslandsdeutschen einen die Höhe des von ihm zu entrichtenden Notopfers angebenden schriftlichen Steuerbescheid; aus diesem ersieht er zugleich, wo, wann und wie die Abgabe oder die geforderte Sicherheit zu entrichten ist, und welches Rechtsmittel gegen den Bescheid zulässig ist. Wird die geschuldete Ab-

gabe nicht gutwillig gezahlt, so kann die Zahlung auf dem Verwaltungswege durch Vollstreckungsmaßnahmen, z. B. durch Pfändung von Inlandsguthaben oder sonstigem inländischen Vermögen des Auslandsdeutschen, erzwungen werden. Soweit der abgabepflichtige Auslandsdeutsche während der Dauer des Verfahrens im Ausland lebt und im Inland weder Grundbesitz noch Betriebsvermögen hat, ist — wenn anders er die Abgabe nicht freiwillig zahlt — die Beitreibung wohl erschwert, aber keineswegs aussichtslos; wer im Ausland seine deutsche Nationalität wahrt, wird meist im Laufe der Jahre Berührung mit der Heimat gewinnen, und aus dieser Berührung werden sich häufig Lieferungs- oder Zahlungsansprüche gegen Inlandsdeutsche ergeben, die bei der künftigen Publizität der Buchführung einem geschickten Finanzamt nicht entgehen werden.

2. Internationale Rechtshilfe? Im Ausland wird freilich ein Beitreibungsverfahren gegen einen Auslandsdeutschen bis auf weiteres undurchführbar sein. Ob die (oben S. 14, 15 erwähnte) Resolution der Nationalversammlung, die eine internationale Rechtshilfe in Steuersachen anstrebt, zum Ziele führen wird, ist außerordentlich zweifelhaft. Es ist zuzugeben, daß die Steuer- und Kapitalflucht, wie der Reichsminister der Finanzen vor der Nationalversammlung ausgeführt hat,[45]) eine internationale Krankheit ist und nur durch internationale Mittel geheilt werden kann. Nur wächst die Verbreitung dieser Krankheit regional mit dem Steuerdruck: sie wird daher in hochbesteuerten Ländern, wie Deutschland, epidemisch, in steuerlich begünstigteren Ländern, wie dem neutralen Ausland, dagegen leichter auftreten. In das neutrale Ausland sind indes im wesentlichen die deutschen Kapitalien, die sich der Steuer entziehen, geflüchtet; dort fördern sie die ausländische Wirtschaft. In noch höherem Maße als die in Auslandsdepots versteckten Gelder Inlandsdeutscher, die der Volkswirtschaft des Auslandsstaates nur mittelbar nützen, wird diese durch die offen

---

[45]) Stenogr. Berichte 132. Sitzung S. 4127.

im Ausland werbenden Vermögen Auslandsdeutscher befruchtet. Da wir nun leider vor und nach dem Zusammenbruch erheblich mehr Kapitalien exportiert als importiert haben, werden wir naturgemäß viel häufiger Rechtshilfe ausländischer Staaten in Anspruch nehmen müssen, als wir ihnen werden gewähren können; die volle Gegenseitigkeit — nicht nur im Wollen, sondern auch im Können — ist aber noch stets die beste Garantie internationaler Hilfsbereitschaft gewesen, und da wir auf lange Zeit diese praktisch nicht werden bieten können, wird die Hoffnung auf internationale Rechtshilfe im Steuerverfahren vorerst wohl enttäuscht werden. Was die Auslandsdeutschen anlangt, so erscheint viel eher die Erwartung als begründet, daß, wer in des Reiches Not draußen sein Deutschtum hochhält, freiwillig dem Reiche gewähren wird, was das Reich von ihm fordern darf und was es braucht, um aus dunkler Gegenwart sich in eine lichtere Zukunft emporzuarbeiten.

Die gegen die Verwirklichung internationaler Steuerrechtshilfe hier geäußerten Bedenken wurzeln ausschließlich in wirtschaftlichen Erwägungen. Insofern die Zulässigkeit der Rechtshilfe beim Reichsnotopfer aus völkerrechtlichen Gründen verneint worden ist, muß dieser Auffassung entgegengetreten werden. Völkerrechtlich ist hinsichtlich der Vermögenssteuern das sog. Territorialprinzip, nach dem die Besteuerung des Ausländers durch den Heimatsstaat einen unstatthaften Eingriff in die Steuerhoheit des Gaststaates darstellen würde, nicht anerkannt.[46]) Früher waren den Landfremden fast überall besondere finanzielle Lasten aufgebürdet. Der Gedanke der internationalen Gemeinschaft der Kulturvölker hat allmählich zur Abschaffung dieser Sonderabgaben geführt.[47]) Nicht dagegen hat sich hieraus ein ausschließliches Besteuerungsrecht des Territorialstaats gegenüber dem in ihm

---

[46]) Trotz der in der amtl. Begründung des Wehrbeitragsgesetzes (oben Fußnote 2) vertretenen Ansicht.

[47]) v. Ullmann, Völkerrecht S. 422.

ansässigen Ausländer entwickelt. So wenig die Person des Ausländers ausschließlich dem Gaststaate gehört — seine Wehrpflicht gegenüber dem Heimatsstaate, dessen Verfassung sie vorsieht, war nie bestritten —, so wenig ist sein Vermögen ausschließlich dem Steuerzugriffe des Gaststaates ausgesetzt.

3. Vermeidung der Doppelbesteuerung. Auf das internationale Gebiet führt auch die Frage, wie der vom Notopfer nicht befreite Auslandsdeutsche dagegen zu schützen ist, daß sein Vermögen nicht nur durch das Reichsnotopfer, sondern auch durch eine ähnliche Vermögensabgabe geschwächt werde, die sein Gaststaat etwa erheben sollte. Die unter der vorhergehenden Ziffer erwähnte Resolution strebt zugleich internationale Maßnahmen zur Vermeidung der — an sich zulässigen — Doppelbesteuerung durch den Heimatsstaat und den Gaststaat an. Da die deutsche Wirtschaft in den nächsten Jahren voraussichtlich auf ausländisches Kapital in beträchtlichem Maße angewiesen sein wird, und das Kapital den Träger vielfach nach sich zieht, wird die bei Erörterung der internationalen Rechtshilfe vermißte praktische Gegenseitigkeit hier eher gegeben sein: an der Verhinderung der Doppelbesteuerung im Ausland tätiger Kaufleute insbesondere sollte in der Tat ein allgemeines internationales Interesse bestehen, und es dürfte der Resolution der Nationalversammlung insoweit vielleicht ein Erfolg beschieden sein.

Den notopferpflichtigen Auslandsdeutschen ist jedoch schon jetzt ein begrenzter Schutz gegen Doppelbesteuerung durch § 4 des Gesetzes gewährt, der folgendermaßen lautet:

> Wird ein abgabepflichtiges ausländisches Grund- oder Betriebsvermögen durch den ausländischen Staat zu einer gleichartigen Abgabe herangezogen, so ist diese Abgabe bei der Vermögensabgabe abzusetzen oder, insoweit die Vermögensabgabe schon erhoben ist, zu erstatten.

Die Absetzung oder Erstattung erfolgt nur bis zu der Höhe der auf das ausländische Grund- und Betriebsvermögen verhältnismäßig entfallenden Vermögensabgabe.

Die Grenzen des Schutzes gehen nach zwei Richtungen: einerseits wird nur das ausländische Grund- und Betriebsvermögen, nicht das Kapitalvermögen des Auslandsdeutschen geschützt, anderseits muß es sich um eine „gleichartige" Abgabe des Auslandsstaates, also um eine außerordentliche Vermögensabgabe handeln (im Gegensatz zu einer regelmäßig laufenden Vermögenssteuer, die auf das Notopfer nicht angerechnet werden würde.[48])

4. Besonderheiten bei der Veranlagung der Auslandsdeutschen zum Notopfer und bei der Entrichtung der Abgabe durch sie. Zum Schlusse ist zu prüfen, inwieweit die den Auslandsdeutschen im Notopfergesetz eingeräumte Sonderstellung auch bei den an sich unbeschränkt oder beschränkt Abgabepflichtigen in den für die Veranlagung und für die Entrichtung der Abgabe getroffenen Bestimmungen des Gesetzes sich ausprägt.

a) Nach § 16 wird für die Veranlagung der Vermögensabgabe das Vermögen der Ehegatten zusammengerechnet, sofern sie nicht dauernd voneinander getrennt leben. Diese Vorschrift setzt sinngemäß zwei besondere abgabepflichtige Vermögensmassen voraus. Hat ein nach Kriegsausbruch zu den Fahnen geeilter Afrikadeutscher während des Krieges eine Deutsche geheiratet und geht er mit ihr fristgemäß ins Ausland, so ist nur er, nicht sie von der Abgabe befreit. In diesem Falle wird die Frau nur nach ihrem Vermögen zum Notopfer veranlagt.

b) Nach § 22 Abs. 2, der von der Nationalversammlung auf Grund eines Antrages Dr. Blunck, Dr. Braun (Franken) und Farwick[49]) eingefügt worden ist, werden die im Artikel 297 i

---

[48]) Amtl. Begründung des Gesetzentwurfs S. 31.

[49]) Drucks. der Nat.-Vers. 1919 Abänderungsantrag Nr. 1803 Ziffer 6.

des Friedensvertrages vorgesehenen Entschädigungen (vgl. oben S. 28) dem ermittelten Vermögen erst nach Feststellung ihrer Höhe hinzugerechnet. Vorher ist die Abgabe weder zu zahlen, noch zu tilgen, noch zu verzinsen. Die Feststellung der Entschädigungen wird voraussichtlich geraume Zeit erfordern; um sie wird, derselben Vorschrift gemäß, die für Berichtigungen und Steuerveranlagungen bestimmte dreijährige Frist (§ 56 Abs. 1) verlängert.

c) Nach § 31 kann der Abgabepflichtige das Notopfer, anstatt es im ganzen zu zahlen, durch eine Tilgungsrente entrichten. Dieses Wahlrecht des Abgabepflichtigen gilt auch, soweit er das Notopfer von Entschädigungen zu zahlen hat, die ihm das Reich zufolge des Artikels 297 i des Friedensvertrages gewährt; er braucht sich also nicht die Entschädigungssumme um das Notopfer kürzen zu lassen, sondern darf die Entrichtung der Abgabe durch eine jährliche Tilgungsrente wählen.

d) Nach § 37, der einem zur dritten Beratung des Gesetzentwurfs in der Nationalversammlung von den Abgeordneten Dr. Becker (Hessen) und Dr. Riesser gestellten Antrage[50]) entspricht, ist auf Antrag des Abgabepflichtigen der Teil seiner Abgabe, der auf Vermögenswerte in ausländischer Währung entfällt, auch in der jeweils in Betracht kommenden ausländischen Währung festzusetzen. Diesen Teil der Abgabe kann der Abgabepflichtige, mag er sie im ganzen zahlen oder durch Rente tilgen, in der jeweiligen Auslandswährung entrichten; näheres werden die Ausführungsbestimmungen des Gesetzes besagen Die Vorschrift kommt den Interessen des Reiches und des Steuerschuldners in gleicher Weise entgegen: das Reich erlangt auf diese Weise die für den Ankauf ausländischer Nahrungsmittel und Rohstoffe benötigten ausländischen Zahlungsmittel, und der abgabepflichtige Auslandsdeutsche

---

[50]) Drucks. der Nat.-Vers. 1919 Abänderungsantrag Nr. 1800 Ziffer 7.

ist davor behütet, daß seine Steuerschuld durch Steigen der (von ihm für die Abgabe anzuschaffenden) deutschen Valuta sich erhöht.

e) Nach § 39 wird die geschuldete Vermögensabgabe, soweit sie nicht als Reichsnotzins im Grundbuch eingetragen ist (§ 33), sofort fällig, falls der Abgabepflichtige seinen dauernden Aufenthalt im Inland aufgibt und nicht für den geschuldeten Betrag Sicherheit leistet. Die Ausführungsbestimmungen werden hierzu hoffentlich vorschreiben, daß die Finanzämter gegenüber Auslandsdeutschen, die ins Ausland zurückkehren, auf Sicherheitsleistung zu verzichten haben; anderenfalls würde eine Schmälerung der Betriebsmittel des Auslandsdeutschen eintreten, die dem Zweck des Gesetzes nicht entspricht.

2209. Berliner Buch- u. Kunstdruckerei,
G. m. b. H., Berlin W. 35 — Zossen.

FSC
www.fsc.org
MIX
Papier | Fördert
gute Waldnutzung
FSC® C083411

Kolibri 360 GmbH
Ferdinand-Jühlke-Straße 7
99095 Erfurt, Deutschland
produktsicherheit@kolibri360.de